JN440925

내 마음을 슬기롭고 정확하게 전하는 말 공부

초등 어휘력·표현력 기르기

미야케 가호 지음 | **이토 햄스터** 그림
조영경 옮김

지경사
Discover

'대박'이라는 표현만으로는 부족해!?
시끌 벅적
있잖아, 어제 '참새들의 춤'
동영상 봤어?
대박! 진짜 대박이야!
말이 안 나올 정도라니까!
얘들아, 너희도 꼭 봐!!
대박 대 박 대박 대박
두두두두두두
대박 대박 대박 대박

캉캉이의 주특기인
'대박' 공격에 당했어……
대박
슥
아, 요즘 나의 최애는
'샤샤'야!
아직 유명하지는 않지만
스타일이 정말 귀여워.
우아
그리고 있잖아, 옷이 바뀌면 헤어스타일도
달라지잖아. 나도 머리 꾸미는 거 좋아해서
다음에는 어떤 헤어스타일을 할지
두근두근 기대돼.
대~박!
나도 한번
보고 싶다!
설명 잘하네.
대단하다……
나도 저렇게
말을 잘하면 좋겠는데.
꽈
악
그러고 보니 토토의 최애는
'펭지'였지?
뭐?
아, 으응……
기대돼
앗!

시작하며

'좋아하는 것'에 대한 이야기는 정말 즐거워!

"와, 이거 대박이다!"

모두 이런 말을 자주 할 거예요. 여러분은 물론 주위 친구와 어른들도 자주 쓰는 말이지요.

그런데 여러분 마음속에 있는 '대박'과 친구들 마음속에 있는 '대박'은 똑같지 않아요.

하지만 입 밖으로 꺼낸 순간 모두 똑같은 말이 되고 말지요. 이런 말은 **나만의 표현**이라고 할 수 없어요. 다른 사람들이 그렇게 말한다고 해서 남들과 똑같이 말하는 게 습관이 되면 **진짜로 말하고 싶은 내 마음을 제대로 표현할 수 없게 될지도** 몰라요.

그건 좀 싫지 않나요?

그래서 이 책에서는 내가 '좋아하는 것'과 정말 좋아해서 모두에게 말해 주고 싶은 사람이나 물건, 즉 '최애'에 대해 나만의 표현으로 설명하는 연습을 할 거예요.

왜 '좋아하는 것'과 '최애'에 대해 이야기하냐고요?

대답은 간단해요. 왜냐하면,

그것이 정말 즐거우니까요!

이 책으로 연습하는 방법은 어렵지 않아요. '좋아하는 것'과 '좋아하는 일'에 대한 간단한 질문에 하나씩 대답하면서 [메모]란에 쓰기만 하면 되거든요.

중간중간 재미있는 만화와 일러스트를 보면서 긴장도 풀고 여러분만의 속도로 연습해 보세요. 하나둘씩 질문에 대답하는 동안 점점 '좋아하는 것'에 대해 나만의 표현으로 설명할 수 있게 될 거예요.

'좋아하는 마음'을 표현하는 3단계

좋아하는 마음을 말로 잘 표현하기 위한 3단계를 알아볼까요?

각각의 단계에서 나의 감정을 정리하다 보면 자연스럽게 나만의 표현을 할 수 있게 될 거예요.

좋아하는 마음을 말로 표현하는 것에 익숙해지면 다른 표현 방법을 찾아보고, 다시 같은 단계로 반복해 보세요. 그리고 '독서 감상문' 쓰기에도 도전해 보세요. 이 책에서 익힌 어휘력과 표현력은 여러분이 글이나 일기를 쓸 때도 분명 도움이 될 거예요.

만약 혼자서 잘 안 되면 어른과 함께 해 보는 것도 좋아요. 누군가와 함께 의견을 주고받다 보면 새로운 표현을 발견할 수 있을지도 몰라요.

자, 그럼 이제 시작해 볼까요?

지은이 **미야케 가호**

차례

'좋은 점'을 다시 한번 표현해 봐요

LESSON 2 가장 좋아하는 '최애'를 나만의 표현으로 말해 봐요

LESSON 3 좋아하는 '내 마음'을 잘 전달해 봐요

LESSON 4 나만의 표현으로 독서 감상문을 써 봐요

이 책의 주요 캐릭터

토토

아이돌 펭귄 '펭지'를 좋아하는 초등학생. 자신이 좋아하는 것을 모두에게 말하고 싶지만 표현을 잘 못해서 고민이다.

냥냥이

토토의 친구로 믿음직한 언니 같은 존재. 자신만의 표현으로 '최애'에 대해 말하는 것이 수준급이다.

캉캉이

'대박'이란 말을 입버릇처럼 달고 살며, 늘 에너지가 넘친다.

동글이

책 읽기를 아주 좋아하고 아이돌에 대해서는 전혀 관심이 없다.

지지

아이돌보다 애니메이션과 성우를 좋아한다.

LESSON 1

좋아하는 마음을 나만의 표현으로 설명해 봐요

준비 '좋아하는 것'을 정해 보자

'좋아하는 것'이 아무것도 없는 사람은 없어요

먼저, 아주 작은 것이라도 좋으니 '좋아하는 것'에 대한 마음을 **나만의 표현으로 설명**하는 연습을 해 봐요.

'최애 말고는 특별히 좋아하는 것이 없다'라든지 '최애도 없고 좋아하는 것도 없다'라는 대답은 말도 안 돼요.

'좋아하는 급식 메뉴는?' '좋아하는 음식은?'

'이제까지 읽은 책 중에서 가장 좋았던 것은?'

'가지고 있는 학용품 중에서 특히 좋아하는 것은?'

거봐요, 이런 식으로 질문하니까 머릿속에 '좋아하는 것'들이 하나둘씩 떠오르죠?

포인트 | '좋아하는 것'은 주위에 많아요.

준비 메모

여러분이 '좋아하는 것'을 써 보세요.

1 어디가 좋아?

토토, 너는 펭지의 어디가 그렇게 좋아?

스윽…

펭지

응, 그게……
여러 가지가 있어.

예를 들면?

갑자기 이렇게
들이대다니!

으…응, 그러니까……

음

춤을 엄청 잘 춘다든지……
또?
슬금슬금
패, 팬들을 소중하게 여긴다든지……
흐어어억
으윽, 더 이상 도망갈 곳이 없어!
더 듣고 싶어!
냥냥아, 너무 들이대지 마~!
하
악
그런데 뭔가 말하고 싶어지네.
두근
두근

'좋아하는 것'은 자세히 살펴볼수록 좋아요

좋아하는 것에 대해 말하고 싶을 때 가장 먼저 할 일은 '좋아하는 것'이나 '좋아하는 일'의 어떤 부분이 좋은지를 자세히 살펴보는 거예요.

예를 들면, 저는 '에너겔'(펜텔)이라는 볼펜을 좋아하는데 그 이유는 다음의 세 가지예요.

- 어느 문구점에서나 쉽게 살 수 있다.
- 쓰기 편하다.
- 가격이 아주 싸다.

제가 든 이유를 보고 '그런 것까지 신경 쓰다니!' 하고 생각할지도 모르겠어요. 하지만,

'내'가 '좋다고 생각하는 부분'을
되도록이면 자세히 살펴보는 것.

그것이 아주 중요해요.

왜냐하면 좋아하는 부분을 자세히 살펴보면 다른 사람과 겹치지 않을 테니까요.

그것이 좋아하는 것을 나만의 표현으로 말한다는 거예요.

자세히 살피는 방법은 좋다고 생각되는 부분에 대해 많이 생각해 보는 거예요. 생각을 많이 하면 할수록 평소에 잘 안 보이던 것도 볼 수 있게 되거든요.

그러니까 자세히 살펴보는 것이 어려우면 많이 생각하기를 먼저 해 보기 바랍니다.

포인트

자세히 살펴보고, 많이 생각할수록 작은 것까지 볼 수 있어요.

메모 ①

15쪽의 준비 메모에 쓴 내용을 보고
아래의 (   )를 채워 보세요.

나는

(   )을/를

좋아합니다.

그것의 어디(어떤 부분)가 좋은지에 대해 자세히 써 보세요.

'좋아하는 부분'에 대해 자세하게 쓸수록
나만의 표현이 될 수 있어요.

위에 쓴 내용 중에 가장 좋아하는 부분을 아래에 다시 한번 써 보세요.

STEP

2 어떤 점이 좋아?

아!

펭지는 멋있기도 하지만
장난기가 넘칠 때도 있어서
그 반전 매력이 좋아!

반전이라니,
같은 펭지한테
다른 면이 있다는 거야?

응! 콘서트에서는
말을 너무너무 재미있게 해서
나도 모르게 웃음이 나와.

여러분, 안녕~.
언제나 안녕, 어디서나 안녕~!

재미있는 모습은 콘서트에서만 볼 수 있어.
진지할 때하고는 완전 달라!
그래서 심쿵한다니까!
끄덕끄덕
아~그렇구나.
핫
내가 '좋아하는' 이유는
이런 거였어…….
멋있을 때와
재미있을 때의
반전

'좋아하는' 감정도 자세히 살펴봐요

1단계에서는 좋아하는 것을 자세히 살펴보았는데, 이번에는 좋아하는 간단한 감정을 조금 더 자세하게 살펴봐요.

방법은 아주 간단해요.

20~21쪽의 메모 ①에서 마지막에 쓴 가장 좋아하는 것에 대해 여러분은 '어떤 식으로 생각하고 있는지'를 써 보는 거예요. 그것만으로도 충분해요.

예를 들면, 18쪽에서 말했던 '에너겔' 펜이 좋은 점에 대해 내가 어떻게 생각하고 있는지 표현해 본 것처럼 말이에요.

- 어느 문구점에서나 쉽게 살 수 있다 → 편하다! 그래서 좋다!
- 쓰기 편하다 → 신기할 정도로 부드럽게 써진다.
- 가격이 아주 싸다 → 진짜? 믿을 수 없는 가격이야!

이런 식으로

내가 좋아하는 부분에 대한 '느낌'을 자유롭게 쓰면 돼요.

'두근두근', '찌릿찌릿', '쿵쾅쿵쾅' 같은 흉내말로 나의 마음 상태를 표현하는 것도 괜찮아요.

주의할 것은 '대박'이나 '대단하다'는 말이에요.

이 두 가지는 뭐든지 다 뭉뚱그려서 쉽게 쓰는 말이에요. 그래서 많은 사람들이 사용하지요.

하지만 다른 사람들이랑 비슷해지기 쉬워서 나다움을 나타내기 어려운 말이기도 해요.

사용하면 안 되는 것은 아니지만 그 점을 생각해 보기 바라요.

포인트 | **'감정'을 그대로 표현해 봐요.**

메모 ②

20~21쪽의 메모 ①에 쓴 내용을 보고 아래의 (   )를 채워 보세요.

나는

(   )을/를

좋아합니다.

가장 좋은 점은

(   )입니다.

가장 좋아하는 부분에 대한 감정(어떤 식으로 생각하는지, 어떤 식으로 느끼는지)을 '좋아요' 이외의 말로 써 보세요.

자유롭게
생각해 봐요.

STEP 3 왜 좋아?

그런데 말이야,
반전이 있으면 왜 심쿵해?

음… 왜 그런 걸까?

혹시 반전이 있어서
좋았던 다른 것도 있어?

아! 그러고 보니 그림 스타일은
귀여운데 스토리가 엄청난 반전이
있는 만화를 좋아해.

좀 더 강한 녀석과 겨뤄 보고 싶군.

또, 겉모습은 무서워 보이지만
사실은 다정한 선배 캐릭터라든지……

요리는 잘 못하면서
열심히 만드는 캐릭터라든지……

굉장해! 줄줄이 쏟아지네.
축축해
아, 미안!
'반전'으로 이렇게 좋아하는 것을 떠올리다니……
설마 나…….
반전 매력 마니아인가?
반전
반 전 매 력
우 하 하 하 하 하
정말 그렇네.
내가 좋아하는 데는 분명한 이유가 있었어……!

좋아하게 된 계기가 반드시 있어요

이번에는 좋아진 계기, 즉 좋아하게 된 이유가 무엇인지 생각해 봐요. 그러면 조금 더 자세히 설명할 수 있어요.

사실 좋아하게 된 계기(이유)는 대부분 아래의 세 가지예요.

1. 나의 경험과 관련(비슷한 점)이 있다
2. 내가 좋아하는 다른 것과 공통점(비슷한 특징)이 있다
3. '새롭다'(지금까지 본 적이 없어!)고 느낀 부분이 있다

1(나의 경험과 관련이 있다)은 소설과 영화, 만화 등을 좋아할 때 자주 나타나는 유형이에요. '그러고 보니 이 등장인물과 같은 기분을 느낀 적이 있어.'라고 느꼈다면, 그것이 좋아하게 된 계기(이유)가 될 가능성이 높아요.

또 이미 좋아하는 것과 비슷한 점이 있다면 2(내가 좋아하는 다른 것과 공통점이 있다)의 유형이에요. 장르는 서로 다르지만 비교해 보면 의외의 공통점을 발견할 수 있을 거예요.

1과 2를 발견하지 못했다면 '지금까지 본 적이 없어!'라는 놀라움이 좋아함으로 이어지는 3('새롭다'고 느낀 부분이 있다)의 유형이라고 생각해요. 그런 경우에는 '(나에게) 어떤 점이 새로운 걸까?'라고 생각해 보세요.

여러분의 경우는 아마 3에 해당하는 경우가 많을 거예요. 모르는 것이 많은 만큼 놀라움도 많이 느낄 테니까요. 이건 정말 기대되고 설레는 일이지요.

지금의 좋아하는 마음은 지금밖에 느낄 수 없는 감정이에요.
그러니까 그 기분을 제대로 느껴 보세요.

포인트 세 가지 유형 중에 무엇이 좋아하게 된 계기(이유)인지 생각해 봐요.

메모 3

26~27쪽의 메모 2에 쓴 내용을 보고
아래의 (　　)를 채워 보세요.

나는

(　　　　　　　　　　　　　　)을/를

좋아합니다.

가장 좋은 점은

(　　　　　　　　　　　　　　)입니다.

가장 좋은 점에 대해 말하자면,

나는 (　　　　　　　　　　　　　　)라고

생각합니다.

다음 중에서 좋아하게 된 계기(이유)를 골라
숫자에 동그라미를 하고,
질문에 대한 대답을 되도록 자세하게 써 보세요.

1 나의 경험과 관련이 있다.

질문 나의 경험과 어떤 관련이 있나요?

2 내가 좋아하는 다른 것과 공통점이 있다.

질문 다른 무엇과 어떤 공통점이 있나요?

3 '새롭다'고 느낀 부분이 있다.

질문 어떤 부분을 '새롭다'고 생각했나요?

질문에 대한 대답

정리 '좋은 점'을 '나만의 표현'으로 설명해 봐요

이것으로 재료 준비는 다 되었어요

32~33쪽의 메모 ❸에서 정리한 내용을 보며 오른쪽 '완성'란의 (　　) 를 채워 보세요.

모두 써넣었으면 읽어보세요.
소리 내어 읽는 것이 좋아요.

자, 다른 사람은 쓸 수 없는 나만의 표현으로 설명할 수 있겠죠?

'좋은 점'을 나만의 표현으로 설명하는 것은 생각보다 훨씬 간단해요.

포인트 | 3단계라서 아주 간단해요.

완성

32~33쪽의 메모 ③에 쓴 내용을 보고 문장으로 정리해 주세요.

나는

(   )을/를 좋아합니다.

가장 좋은 점은

(   )입니다.

가장 좋은 점에 대해 말하자면,

나는 (   )라고

생각합니다.

내가 그렇게 느끼는 이유는

(   )

예시

나는 음악실을 좋아합니다.

가장 좋은 점은 음악실에 여러 가지 악기와 그림이 많다는 것입니다.

가장 좋은 점에 대해 말하자면, 나는 음악실이 우리 집의 내 방과 비슷해서 마음이 편해진다고 생각합니다.

내가 그렇게 느끼는 이유는 내 방에 내가 좋아하는 만화와 친구가 그려 준 그림, 선물 받은 인형 등 좋아하는 것이 많기 때문입니다.

학교 음악실에도 내가 좋아하는 피아노와 실로폰이 나란히 있어서 학교지만 학교가 아닌 듯 마음이 편해지는 장소라고 늘 생각합니다.

나는 이런 공간이 참 좋습니다.

'좋은 점'을
다시 한번
표현해 봐요

좋아하는 것에 대해 다 설명할 수 있어!

3단계에 익숙해져 봐요

1. '좋아하는 부분'을 자세히 살펴본다
2. '좋아하는 부분'에 대한 감정을 자유롭게 표현한다
3. 좋아하게 된 계기를 세 가지 유형에서 찾아본다

1~3단계로 정리하면, 좋아하는 것은 모두 나만의 표현으로 잘 설명할 수 있게 될 거예요.

중요한 것은 이 3단계로 생각하는 것에 익숙해져서 언제나 그렇게 생각하게끔 습관을 들여야 하는 거예요.

그럼 이제 가장 좋아하는 최애에 대한 이야기를 하기 전에, 주위에 있는 좋아하는 것으로 다시 한번 연습해 보세요.

포인트 | 좋아하는 마음을 정리하는 습관을 들여요.

준비 메모

내가 좋아하는 다른 것에 대해 써 보세요.

15쪽에 쓴 내용 중에서
골라도 좋아요.

메모 1

39쪽의 준비 메모에 쓴 내용을 보고
아래의 (   )를 채워 보세요.

나는

(   )을/를

좋아합니다.

좋아하는 것을 하나
골라 봐요.

그것의 어디(어떤 부분)가 좋은지
되도록 자세하게 써 보세요.

'좋아하는 부분'이 자세할수록
나만의 표현을 하기 쉬워요.

위에 쓴 것 중에 가장 좋아하는 부분을
아래에 다시 한번 써 보세요.

메모 ②

40~41쪽의 메모 ①에 쓴 내용을 보고
아래의 (   )를 채워 보세요.

나는

(   )을/를

좋아합니다.

가장 좋은 점은

(   )입니다.

가장 좋아하는 부분에 대한
감정(어떤 식으로 생각하는지, 어떤 식으로 느끼는지)을
'좋아요' 이외의 말로 써 보세요.

메모 3

42~43쪽의 메모 2 에 쓴 내용을 보고
아래의 (   )를 채워 보세요.

나는

(   )을/를

좋아합니다.

가장 좋은 점은

(   )입니다.

가장 좋은 점에 대해 말하자면,

나는 (   )라고

생각합니다.

다음 중에서 좋아하게 된 계기(이유)를 골라 번호에 동그라미를 하고, 질문에 대한 대답을 되도록 자세하게 써 보세요.

1 나의 경험과 관련이 있다.

질문 나의 경험과 어떤 관련이 있나요?

2 내가 좋아하는 다른 것과 공통점이 있다.

질문 다른 무엇과 어떤 공통점이 있나요?

3 '새롭다'고 느낀 부분이 있다.

질문 어떤 부분을 '새롭다'고 생각했나요?

질문에 대한 대답

완성

44~45쪽의 메모 ③에 쓴 내용을 보고 문장으로 정리해 주세요.

나는

(　　　　　　　　　　)을/를 좋아합니다.

가장 좋은 점은

(　　　　　　　　　　　　　　)입니다.

가장 좋은 점에 대해 말하자면,

나는 (　　　　　　　　　　　　　　)라고

생각합니다.

내가 그렇게 느끼는 이유는

(　　　　　　　　　　　　　　　　　　)

LESSON 2

가장 좋아하는 '최애'를 나만의 표현으로 말해 봐요

최애를 말하는 건 최고!

'최애 포인트'도 자세히 설명할수록 좋아요

자, 드디어 가장 좋아하는 '최애'의 매력을 나만의 표현으로 말하거나 써 보는 연습입니다.

1. '좋아하는 부분'을 자세히 살펴본다
2. '좋아하는 부분'에 대한 감정을 자유롭게 표현한다
3. 좋아하게 된 계기를 세 가지 유형에서 찾아본다

가장 좋아하는 최애에 대해 설명하는 것도 지금까지 해 온 방법과 같이 하면 돼요.

아무래도 가장 좋아하는 최애니까 '많은 매력을 말하고 싶어!'라는 생각이 들 거예요. 그래서 이번에 할 연습은 다음과 같아요.

'좋아하는 부분'을 몇 가지 골라서 각각 메모 ❷와 메모 ❸을 작성한다.

물론 이번에도 좋아하는 부분을 자세히 살펴보면 살펴볼수록 나다움을 표현할 수 있어요.

좋아하는 부분은 여러 개 골라도 좋지만 세 가지 정도가 정리하기 쉬울 거예요.

좋아하는 부분을 세 가지 골라서 메모 ❷와 메모 ❸을 작성해 봐요. 만약 세 가지만으로 충분하지 않다면 이 책 끝에 있는 '자유롭게 써 봐요!' 페이지를 이용해 주세요.

포인트

아주 좋아하는 '최애'일수록 메모를 더 많이 해 봐요.

메모 1

나의 '최애'를 써 보세요.

나의 최애는

(　　　　　　　　　　　　　　)입니다.

아~ 그것을 가장 좋아하는구나.

그것의 어디(어떤 부분)가 좋은지를
되도록 자세하게 써 보세요.

위에 쓴 것 중에 '특히 좋아하는 부분'을 세 가지
골라 아래에 다시 한번 써 보세요.

A

B

C

A에 대한 메모 ❷

50~51쪽의 메모 ❶에 쓴 '특히 좋아하는 부분 A'를 보고 아래의 (　　)를 채워 보세요.

나의 최애는

(　　　　　　　　　　　　)입니다.

특히 좋은 점의 첫 번째는

(　　　　　　　　　　　　)입니다.

'특히 좋아하는 부분 A'에 대한
감정(어떤 식으로 생각하는지, 어떤 식으로 느끼는지)을
'좋아요' 이외의 낱말로 써 보세요.

A에 대한 메모 3

52~53쪽의 A에 대한 메모 ❷를 보고
아래의 (   )를 채워 보세요.

나의 최애는

(   )입니다.

특히 좋은 점의 첫 번째는

(   )입니다.

특히 좋은 점의 첫 번째에 대해

나는 (   )라고

생각합니다.

'특히 좋아하는 부분 A'를 좋아하게 된 계기(이유)를 다음 중에서 골라 번호에 동그라미를 하고, 질문에 대한 대답을 되도록 자세하게 써 보세요.

1 나의 경험과 관련이 있다.

질문 나의 경험과 어떤 관련이 있나요?

2 내가 좋아하는 다른 것과 공통점이 있다.

질문 다른 무엇과 어떤 공통점이 있나요?

3 '새롭다'고 느낀 부분이 있다.

질문 어떤 부분을 '새롭다'고 생각했나요?

질문에 대한 대답

B에 대한 메모 ②

50~51쪽의 메모 ①에 썼던
'특히 좋아하는 부분 B'를 보고 아래의 (　　)를
채워 보세요.

나의 최애는

(　　　　　　　　　　　　)입니다.

특히 좋은 점의 두 번째는

(　　　　　　　　　　　　)입니다.

‘특히 좋아하는 부분 B’에 대한
감정(어떤 식으로 생각하는지, 어떤 식으로 느끼는지)을
‘좋아요’ 이외의 낱말로 써 보세요.

56~57쪽의 B에 대한 메모 ❷를 보고
아래의 ( )를 채워 보세요.

나의 최애는

( )입니다.

특히 좋은 점의 두 번째는

( )입니다.

특히 좋은 점의 두 번째에 대해

나는 ( )라고

생각합니다.

'특히 좋아하는 부분 B'를 좋아하게 된 계기(이유)를 다음 중에서 골라 번호에 동그라미를 하고, 질문에 대한 대답을 되도록 자세하게 써 보세요.

1 나의 경험과 관련이 있다.

질문 나의 경험과 어떤 관련이 있나요?

2 내가 좋아하는 다른 것과 공통점이 있다.

질문 다른 무엇과 어떤 공통점이 있나요?

3 '새롭다'고 느낀 부분이 있다.

질문 어떤 부분을 '새롭다'고 생각했나요?

질문에 대한 대답

C에 대한 메모 2

50~51쪽의 메모 1에 썼던
'특히 좋아하는 부분 C'를 보고 아래의 (   )를
채워 보세요.

나의 최애는

(   )입니다.

특히 좋은 점의 세 번째는

(   )입니다.

'특히 좋아하는 부분 C'에 대한
감정(어떤 식으로 생각하는지, 어떤 식으로 느끼는지)을
'좋아요' 이외의 낱말로 써 보세요.

C에 대한 메모 ③

60~61쪽의 C에 대한 메모 ②를 보고
아래의 (   )를 채워 보세요.

나의 최애는

(   )입니다.

특히 좋은 점의 세 번째는

(   )입니다.

특히 좋은 점의 세 번째에 대해

나는 (   )라고

생각합니다.

'특히 좋아하는 부분 C'를 좋아하게 된 계기(이유)를 다음 중에서 골라 번호에 동그라미를 하고, 질문에 대한 대답을 되도록 자세하게 써 보세요.

1 나의 경험과 관련이 있다.

질문 나의 경험과 **어떤 관련**이 있나요?

2 내가 좋아하는 다른 것과 공통점이 있다.

질문 다른 **무엇**과 **어떤 공통점**이 있나요?

3 '새롭다'고 느낀 부분이 있다.

질문 **어떤** 부분을 **'새롭다'**고 생각했나요?

질문에 대한 대답

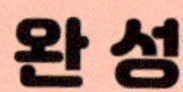

‘최애’를 나만의 표현으로 설명해 보세요.

‘A에 대한 메모 ❸’ ‘B에 대한 메모 ❸’ ‘C에 대한 메모 ❸’을 보면서 자유롭게 문장으로 써 보세요.

와, 설명을 잘했네!

나만의 표현으로
시끌
벅적
있잖아,
내가 좋아하는
아이돌에 대한
이야기 좀 들어줘!
오!
엄청 멋진데 말이야,
콘서트에서는 의외로
재미있어……
슝—
그런 반전이
너무 좋아!
그래? 예를 들면
어떤 느낌이야?
지난 주 라이브
공연에서……

하하, 멋지게 노래를 끝내고 나서
넘어질 뻔했어……
그런데 "응? 방금 무슨 일 있었나?"
라고 능청스럽게 말해서 팬들이랑
같이 웃었어.
그런 걸 보면 왠지 더 응원해
주고 싶어진다고 할까?
뭔지 알아!
나도 그런 거
좋아해.
그치?
모두 내 말을 제대로
들어주었어!
전보다 말을 훨씬
더 잘하네!

독창성은 '자세함' 속에 있어요

새롭고 독특한 특징을 '독창성'이라고 해요. 다시 말해 '나만의 표현으로 말한다'는 것은 '독창성을 표현한다'는 거예요.

독창성을 표현하는 데 중요한 것은 먼저 '자세하게 들여다보는 것'입니다.

예를 들면, '나의 최애 아이돌 A는 대박이야!'라고 말하면 독창적인 나만의 표현이 될 수 없어요.

왜냐하면 '대박'이라는 말은 많은 사람들이 흔히 쓰는 표현이니까요. '대박'뿐만 아니라 '나의 최애 아이돌 A는 대박이야!' 역시 A를 정말 좋아하는 사람이라면 누구나 할 수 있는 말이지요.

즉, '대박'이라는 말은 독창성이 없어요.

그래도 좋아하는 부분을 자세히 살펴보면 이런 식으로 말할 수 있을 거예요.

'내 최애 아이돌 A는 OO이라는 노래를 할 때 어른스러운 표정(특히 눈빛)이 대박이야.'

여기에서는 '대박'이라는 말을 사용했지만 나만의 표현으로 설명하고 있어요.

물론 '대박'이라는 말도 조금 더 자세하게 '지금까지 본 적이 없을 정도로 정말 멋져!'라는 식으로 말한다면 더욱 좋겠지요.

이렇게 주의 깊게 살펴보면 알고 있는 낱말의 수, 어휘력이 부족하더라도 독창성은 확실히 드러낼 수 있어요.

포인트 멋진 말을 찾으려고 무리하지 말고 '자세하게' 표현해 봐요.

예시

나의 최애는 급식에 나오는 푸딩입니다.

푸딩의 좋은 점 첫 번째는 바닥의 캐러멜이 살짝 쌉싸름하면서도 달콤하다는 거예요. 보통 푸딩은 캐러멜이 달기만 한데, 급식에 나오는 푸딩은 약간 쌉싸름한 것이 늘 맛있다고 생각해요.

두 번째 좋은 점은 우유랑 어울린다는 거예요. 우리 학교에서는 우유가 급식으로 나오는데, 우유와 맞는 메뉴가 좀처럼 떠오르지 않아요. 하지만 푸딩이 나오는 날은 푸딩과 우유를 같이 먹으면 맛있기 때문에 그 점이 좋아요.

세 번째 좋은 점은 뚜껑을 열기 쉽다는 거예요. 젤리와 비교하면 푸딩은 뚜껑을 열기 쉬워요. 푸딩이 급식 메뉴라고 하면 '내 최애가 나온다!'는 생각에 행복해집니다.

LESSON 3

좋아하는 '내 마음'을 잘 전달해 봐요

내 마음을 전할 수가 없어

같은 학교에 학원도 같이 다니는 모범생 동글이. 그렇지만 별로 말을 해 본 적이 없어. 어쩐지 어색해…….
어, 저기……
하지만 나도 지금까지의 나와는 달라!
나는 '펭지'를 아주 좋아해.
으응.

있잖아, 평소에는 멋있는데 콘서트에서는……
나는 아이돌은 잘 몰라.
헉…
어색
썰렁~
역시 어렵네…….

전달 방법을 연구해 봐요

말한다고 다 통하는 것은 아니에요

앞의 내용을 잘 따라 했다면, 이제는 내가 좋아하는 것을 나만의 표현으로 설명할 수 있을 거예요.

하지만 상대가 나의 최애에 대해 잘 모른다면 내 말이 잘 전달되지 않을 수 있어요. 아무리 나만의 표현으로 최애의 매력에 대해 열심히 설명해도 '그게 뭐야?' 하고 상대가 당황할 수 있어요.

또한 최애에 대해 전혀 흥미가 없을 수도 있고, 오히려 '싫어!'라며 아예 들으려고 하지 않을 수도 있어요.

나랑 취향이 다르다거나 관심 분야가 다른 친구한테 내가 좋아하는 것에 대해 말하고 싶다면 그 다름을 숨기고 말하는 작전이 필요해요.

이 작전을 세우기 위해 중요한 것은 다음과 같아요.

상대의 마음을 상상하는 것!

물론 같은 최애를 응원하고 있는 친구이거나 여러분의 최애에 대해 잘 알고 있는 사람이라면 작전 같은 것이 없어도 잘 통할 거예요. 그래서 이야기할 때 마음도 편하고 즐겁겠지요.

하지만 '상대가 좋아하는 것은 무엇인가?'를 생각하는 습관을 들이면 주위 친구들과 가족, 선생님과의 대화도 순조롭게 진행될 거예요. 그러니까 멋진 작전을 세우는 것을 꼭 기억해 두세요.

포인트 서로의 '다름'을 좁히는 작전을 생각해 보자.

나의 최애에 대해 잘 모르는 사람에게 말할 때

‘간단한 정보’를 덧붙여 말해 봐요

아주 좋아하는 만화에서 ‘볼 때마다 두근거리는 장면이 있어.’ 하고 말하고 싶은데 상대가 그 만화를 본 적도 없고 내용도 전혀 모른다고 할 경우에는,

“OOO라는 만화가 있는데, 중학교 축구부 이야기야.”

라는 식으로 그 만화에 대해 간단한 정보를 먼저 말하는 거예요.

단, 너무 많은 이야기를 해 버리면 정작 하고 싶은 말을 제대로 하지 못할 수도 있으니 주의해야 해요.

포인트 | 보충 설명은 적당히 하는 게 좋아요.

작전 메모

64~65쪽에 쓴 '최애'의 좋은 점을 '나의 최애에 대해 잘 모르는 사람'에게 전달하기 위해 덧붙일 말을 생각해 보세요.

좋은 작전,
떠올랐어?

나의 최애에 대해 전혀 관심 없는 사람에게 말할 때

상대의 관심을 끌 수 있는 것과 연관시켜 봐요

좋아하는 만화에 대해 말하고 싶은데 상대가 만화 자체에 전혀 관심이 없는 경우도 있어요.

그럴 때는 먼저 '상대의 관심에 맞추는 작전'을 추천해요.

만약 상대가 개그를 좋아한다면,

"개그맨 ○○○도 재미있다고 한 ○○○라는 만화가 있는데……."

라는 식으로 개그와 만화를 연관시켜 보세요.

그러면 관심을 끌기가 쉬워질 거예요.

포인트 | 상대방의 입장을 잘 상상해 봐요.

작전 메모

64~65쪽에 쓴 '최애'의 좋은 점을
'나의 최애에 대해 전혀 관심 없는 사람'이
관심 있어 하는 것과 어떤 식으로 연관시킬지
생각해 보세요.

상대의 관심에 대해
상상해 봐.

나의 최애를 좋아하지 않는 사람에게 말할 때

'알고 있어'라는 신호를 보내요

예를 들어 만화를 그다지 좋아하지 않는 상대에게 내가 좋아하는 만화에 대해 물어보고 싶을 때는 다음과 같이 시작해 보세요.

"너는 별로 좋아하지 않겠지만……."

이와 같이 '네가 만화를 싫어한다는 것을 알고 있어.'라고 이야기를 시작하는 작전을 추천해요. 이렇게 말하면 이상하게도 '음, 한번 들어 볼까?'라는 기분이 들거든요.

물론 이렇게 말해도 '됐어.' 하고 고개를 돌리는 친구도 있을 수 있지만, 시도해 보는 것과 그렇지 않은 것과는 큰 차이가 있어요.

포인트 | 할 수 있는 데까지 해 봐요.

작전 메모

64~65쪽에 쓴 '최애'의 좋은 점을 '나의 최애를 그다지 좋아하지 않는 사람'에게 이야기할 때 어떤 말부터 시작하면 좋을지 생각해 보세요.

잘되면 좋겠다!

나의 의견을 마음속에 가두지 않기

앞에서 나와 관심이 다른 사람에게 내가 좋아하는 것에 대해 말할 때의 요령을 연습했어요.

좋아하는 것에 대해 말하는 것뿐만 아니라, 나와 의견이 다른 친구에게 내 의견을 솔직하게 말하는 것은 무엇보다 용기 있는 행동이에요.

다른 사람들은 모두 같은 의견을 가지고 있고, 나만 의견이 다를 때는 더욱 그렇지요.

하지만 그렇다고 해서 하고 싶은 말을 계속 마음속에 억누르고 있으면, 나의 진짜 감정이 무엇인지 모르게 돼요.

그러니까 다른 사람들과 의견이 다르다 해도 여러분께 다음과 같이 말하고 싶어요.

나의 의견은
제대로 말로 표현해서
드러내는 것이 좋아요.

중요한 것은 '나의 의견이 다른 사람과 다르다는 것'을 제대로 이해하는 거예요.

그렇게 하면 '너하고는 의견이 다르지만……'이라는 말을 자연스럽게 덧붙일 수 있어요.

그러면 듣는 사람도 '나랑 의견이 다르구나.' 하고 마음의 준비를 할 수 있기 때문에 분명히 귀 기울여 줄 가능성이 높아요. 그러면 나의 의견을 말하기가 훨씬 쉬워질 거예요.

정말이에요.

제 말을 믿고 꼭 시도해 보기 바라요.

포인트 **다른 사람과 의견이 다를 때는 그 사실을 먼저 말해 봐요.**

상대에게 맞춰 말하는 방법

나는 아이돌을 좋아하거든.
특히 '펭지'라는 펭귄
팝 아이돌을 좋아해.
아, 네 가방
키홀더에 있는
그 친구야?
맞아, 맞아!
펭지는 반전 매력이 있어서 정말 좋아!
반전 매력?
응!
콘서트 할 때는 굉장히 멋진데,
사회자가 되면 의외로 덤벙대는 면이 있어……
꼭 애니메이션 캐릭터 같아!
그래? 재미있을 것 같다!
끄덕
끄덕
지난번보다 자신의
마음을 정확하게
설명하는구나!

보너스 팁

나는 푸딩을 아주 좋아합니다. 물론 푸딩을 좋아하지 않는 사람도 있을 거예요.

나는 푸딩을 싫어하는 사람에게 억지로 푸딩을 먹으라고 권하고 싶지 않아요. 나도 싫어하는 음식을 먹으라고 하면 듣기 싫거든요.

하지만 푸딩의 좋은 점은 '다른 사람에게 주기 쉽다'는 거예요.

푸딩은 케이스에 하나씩 들어 있기 때문에 먹기 싫으면 다른 사람에게 주기 쉬운 급식 메뉴예요. 그러니까 급식으로 나온 푸딩이 먹기 싫으면 친구에게 주면 돼요.

그런 점에서 나는 푸딩을 싫어하는 사람에게도 추천할 수 있다고 생각합니다.

나만의 표현으로 독서 감상문을 써 봐요

독서 감상문에 응용해 봐요

책 속의 '좋은 점'을 쓰는 것이 독서 감상문이에요

방학의 단골 숙제인 독서 감상문은 간단하게 말하면,

책에서 이 부분이 좋았어!

하는 것을 나만의 표현으로 전달하는 문장이에요.

그러니까 결국 최애를 말하는 것과 같아요. 지금까지 연습한 것처럼 메모 ❶부터 메모 ❸을 쓰고, 좋은 점을 정리하면 훨씬 쓰기 쉬워져요.

포인트

'좋은 점'을 정리하면
독서 감상문도 걱정 없어요.

준비 메모

독서 감상문을 쓰고 싶은 책의 제목은 무엇인가요?

메모 1

89쪽의 준비 메모에 쓴 책의 어디가 좋았는지,
특히 어느 부분이 마음에 들었고, 인상 깊었는지를
되도록 자세하게 써 보세요.

- 좋았던 장면
- 좋았던 대사
- 좋았던 등장인물

등을 천천히 떠올려 봐요.

이 중에서 특히 좋았던 부분과
인상에 남은 부분을 표시해 둬요.

메모 ❷

90~91쪽의 메모 ❶에 표시해 두었던
'좋았던 부분', '인상에 남은 부분'을 써 보세요.

2~3가지 정도면
좋아.

바로 옆 92쪽에 쓴 내용에 대한 감상을
각각 자세하게 써 보세요.

메모 ③

93쪽에 쓴 감상문을 읽어보고
왜 그런 느낌이 들었는지 자세하게 써 보세요.

- 나의 경험과 관련이 있다.
- 내가 좋아하는 다른 것과 공통점이 있다.
- '새롭다'고 느낀 부분이 있다.

이 중에서 어디에 해당하는지 먼저 생각해 봐요.

메모를 보면서
원고지나 공책에 독서 감상문을 써 보세요.

마음을 움직이는 독서 감상문 쓰는 요령

앞의 내용을 다시 정리해 보면, 독서 감상문을 잘 쓰기 위한 단계는 아래와 같아요.

1. 읽은 책 속에서 '좋았던 부분', '마음에 들었던 부분'을 자세하게 적는다
2. 1 중에서 선택한 특히 '좋았던 부분', '인상에 남은 부분'에 대해 나의 느낌이 어떠한지 자세히 쓴다
3. '왜 그렇게 느꼈는지' 자세히 쓴다

또한 3의 '왜 그렇게 느꼈는지'에 대해 쓸 때는,

- 나도 비슷한 경험을 한 적이 있다.
- 친구가 비슷한 이야기를 한 적이 있다.
- 한 번도 들어 본 적이 없는 새로운 내용이다.

위의 세 가지 방법 중 하나를 선택해도 좋지만, 독서 감상문은 나의

경험을 섞어 쓰는 것이 가장 쓰기 쉽다고 생각해요.

그리고 독서 감상문의 경우에는 반드시 시도해 봤으면 하는 방법이 또 하나 있어요.

'앞으로 나는 어떻게 달라질까?'
'어떻게 되고 싶은가?'를 마지막에 쓴다.

책을 읽고 이렇게 하면 문장을 정리하기 쉬워져요. 뿐만 아니라 내 독서 감상문을 읽는 사람의 마음을 쉽게 움직일 수 있을 거예요.

포인트

책 내용에 '나에 관한 것'을
섞어서 써 봐요.

예시 메모 ①

☆ 책 제목

장갑을 사러 간 아기 여우

☆ 인상 깊었던 부분

• 아기 여우가 장갑을 사 가지고 오는 장면

☆인상 깊었던 부분에 대한 감상

아기 여우가 오해를 푼 것에 공감했다.

☆왜 인상에 남았을까?

나도 예전에 친구를 오해한 적이 있다.
그런데 이야기를 나눠 보고 내가 잘못 생각했다는 것을 알았다. 사람에게 직접 다가가서 오해를 푼 여우가 나와 비슷하다고 생각해 인상에 남는다.

독서 감상문 예시 ①

장갑을 사러 간 아기 여우

추운 겨울, 엄마 여우는 아기 여우에게 장갑을 사 주려고 했다. 하지만 친구 여우가 사람에게 쫓긴 일이 떠오른 엄마 여우는 아기 여우의 한쪽 발을 사람 손처럼 보이게 하는 마법을 걸었다. 그리고 사람을 조심하라고 당부하지만 아기 여우는 그만 실수로 여우 손을 내밀었다.

그런데 가게 주인은 여우인 걸 알면서도 장갑을 건네주었고, 아기 여우는 사람이 무서운 존재만은 아니라는 것을 깨달았다.

이 책에서 아기 여우가 장갑을 사 오는 장면이

기억에 남는다. 아기 여우는 엄마 말만 듣고 '사람은 무섭고 위험하다'고 생각했지만, 직접 사람을 만나 보니 그렇지 않았기 때문이다.

나도 소문만 듣고 친구를 오해한 적이 있다. 하지만 용기를 내어 직접 이야기를 해 보니 헛소문이었다. 하마터면 소문만 믿고 좋은 친구를 잃을 뻔했다. 그때 나도 아기 여우처럼 다른 사람의 말만 듣고 판단하기보다는 용기를 내어 직접 경험하는 것이 얼마나 중요한지를 깨달았다.

☆ 책 제목

화요일의 두꺼비

☆ 인상 깊었던 부분

- 두꺼비 워턴이 올빼미 조지를 구하러 다시 돌아가는 장면

☆ 인상 깊었던 부분에 대한 감상

워턴과 조지가 진짜 친구가 되었다고 생각했다.

☆ 왜 인상에 남았을까?

워턴이 위험을 무릅쓰고 자신을 잡아먹으려던 조지를 구하려 했기 때문이다.

독서 감상문 예시 ②

화요일의 두꺼비

추운 겨울, 두꺼비 워턴은 고모에게 과자를 가져다 주려다가 올빼미 조지에게 잡힌다. 조지는 워턴을 자신의 생일인 다음 주 화요일에 잡아먹기로 한다.

그런데 워턴이 끓여 주는 차를 마시고 서로 이야기를 나누면서 조지는 서서히 마음이 바뀐다.

며칠 뒤, 워턴은 조지의 집에서 탈출하지만 위험에 빠진 조지를 보고 다시 돌아간다.

나는 워턴이 조지를 구하는 장면이 가장 인상 깊었다. 자신을 잡아먹으려고 했던 조지를 위해 위험을 무릅쓴 워턴의 용기도 대단하고, 워턴을 위해 차를 구하려다 위험에 빠진 조지의 행동도 감동적이었다. 처음에는 친구가 될 수 없을 것 같았던 워턴과 조지가 서로를 위해 용기를 내는 모습을 보고 진짜 우정이 무엇인지 알게 되었다.

나도 워턴과 조지처럼 친구와 서로를 진심으로 위해 주는 우정을 나누었으면 좋겠다.

독서 감상문 권장 도서

초등학생인 여러분이 꼭 읽었으면 하는 책 일곱 권을 소개해요. 다 읽고 난 다음에는 꼭 나만의 표현으로 독서 감상문을 써 보세요.

〈모모〉

미하엘 엔데 / 비룡소

표지 이미지 ©비룡소

살아가는 시간을 느끼기 위해

폐허 극장에 사는 소녀 모모는 이상한 힘을 가지고 있어요. 모모는 과연 '시간 도둑'에게 빼앗긴 사람들의 시간을 되찾을 수 있을까요? 바쁜 삶 속에서 정말 필요한 힘은 무엇일까요? 또한 삶의 가치란 무엇일까요? 독서 감상문을 쓰기 좋은 작품으로, '회색 신사' 일당이 빼앗은 것이 무엇인지 생각해 보면 틀림없이 재미있을 거예요.

〈장갑을 사러 간 여우(세계의 명작동화 3)〉

니이미 난키치 / 지경사

짧지만 마음에 오래 남는 책

추운 겨울날, 사람들이 사는 마을로 내려온 아기 여우. 엄마 여우는 사람은 무섭고 위험하다며 마법을 부리지만 아기 여우가 그만 실수를 해요. 아기 여우는 어떤 실수를 했을까요? 그리고 무사히 장갑을 사 가지고 올 수 있을까요? 오해를 둘러싼 이 이야기는 현대를 살아가는 우리에게 꽤 가슴에 와닿는 작품이에요. '왜 이런 오해가 생겼을까?'라는 생각을 하면서 감상문을 쓰면 좋을 거예요.

〈로테와 루이제〉

에리히 캐스트너 / 시공주니어

표지 이미지 ©시공주니어

형제와 자매가 있는 사람에게!

서로 알지 못한 채 각각 다른 마을에서 자란 쌍둥이 루이제와 로테. 어느 여름, 스위스의 숲속 여름 캠프에서 우연히 만나다?!

'혹시 세상 어딘가에 내 또 다른 쌍둥이가 있다면?'이라는 상상을 한 적이 있다면 꼭 읽어 보세요. 여자 쌍둥이의 톡톡 튀는 대화와 가족의 이야기가 재미있는 책이에요. 형제나 자매가 있는 사람은 감상문을 쓰기 쉬울 거예요.

〈화요일의 두꺼비〉

러셀 에릭슨 / 사계절

표지 이미지 ©사계절

진정한 우정을 찾고 있다면

눈 덮인 겨울, 두꺼비 워턴은 고모에게 맛있는 딱정벌레 과자를 가져다주기 위해 여행을 떠나요. 그러다가 그만 못된 올빼미한테 붙잡혀요. 그리고 다음 주 화요일인 올빼미 생일에 잡아먹힐 운명에 놓이지요.

올빼미의 생일 전까지 워턴은 어떻게 지낼까요? 과연 올빼미한테서 빠져나올 수 있을까요? 낯선 친구와 우정을 쌓아가는 중이라면 자신의 경험과 함께 감상문을 써 보세요.

〈냄비와 국자 전쟁〉

미하엘 엔데 / 한길사

표지 이미지 ©한길사

욕심이 부른 전쟁을 멈추게 한 것은?

옛날, 높은 산을 사이에 두고 두 나라가 있었어요. 그런데 두 나라 왕자와 공주 세례식에 초대받지 못한 마녀가 화가 나 한 나라에는 냄비를, 다른 나라에는 국자를 선물해요. 그러자 두 나라는 서로의 것을 빼앗으려고 전쟁을 벌여 왕자와 공주가 나서게 돼요. 욕심 때문에 다툰 경험이 있다면 자신을 돌아보는 기회가 될 거예요. 양보와 나눔에 대해 생각하며 감상문을 써 보세요.

〈프린들 주세요〉
앤드루 클레먼츠 / 사계절

표지 이미지 ©사계절

단어 하나가 세상을 바꾼다면?

평범한 5학년인 닉은 국어 시간에 '모든 단어는 누군가가 만든 것'이라는 선생님 말씀을 듣고 새로운 단어를 만들어요. 바로 '프린들'! 우리가 펜이라고 부르는 것을 닉은 프린들이라고 부르기로 해요. 장난처럼 시작한 일이 전국으로 퍼지게 되고 10년 뒤 닉은 뜻밖의 편지를 받게 된답니다.

여러분도 닉처럼 나만의 특별한 아이디어를 감상문으로 자유롭게 표현해 보세요.

〈진짜 도둑〉
윌리엄 스타이그 / 비룡소

표지 이미지 ©비룡소

진실을 밝히는 진정한 용기

거위 가윈은 왕의 신뢰를 받으며 왕궁의 보물을 지키는 수문장이에요. 그런데 어느 날 창고의 보물이 사라지고 도둑으로 몰린 가윈은 억울한 마음에 도망쳐요. 진짜 도둑인 쥐 데릭은 가윈의 재판을 보고 잘못을 깨달아 보물을 제자리에 돌려놓고 가윈을 찾아가 용서를 빌지요.

과연 가윈은 데릭을 용서했을까요? 여러분이 가윈이라면 어떻게 할지 생각하며 감상문을 써 보세요.

'좋은 점'을 전달하는 요령은 글쓰기에도 사용해요

이 책에서 연습해 온 좋아하는 것을 나만의 표현으로 전달하는 요령은 독서 감상문 이외의 글짓기를 할 때도 도움이 됩니다.

예를 들어 '초등학교 생활의 추억'을 주제로 글쓰기를 한다고 해요. 수학여행에 대해 쓰기로 정했다면 먼저 인상 깊었던 것(특히 기억에 남는 것)을 앞에서 여러 번 연습했던 3단계로 정리해 보아요.

1. **인상에 남았던 것**(풍경과 만났던 사람, 친구들과 주고받았던 것 등)을 **'자세히 살펴본다'**
2. **'인상에 남았던 일'에 대한 감정을 자유롭게 표현한다**
3. **'인상에 남은 이유'를 찾아본다**

3(인상에 남은 이유를 찾아본다)에 대해서는,

- 나의 과거 경험과 관련이 있다.
- 과거에 인상에 남았던 것과 비슷하다.
- 지금까지 본 적이 없는 새로운 것이다.

이렇게 세 가지 중에 어떤 것인지 생각해 보면 찾기 쉬워질 거예요.

여기까지 정리했다면 직접 문장으로 써 보아요.

마지막 요약에는 독서 감상문을 쓸 때와 마찬가지로, 그 경험한 것으로 '앞으로 나는 어떻게 달라질까?' 또는 '어떻게 되고 싶은가'에 대해 쓰면 좋아요!

이제 익숙해졌다면
글쓰기가 더욱 재미있어질 거예요.

포인트 작문도 3단계+α를 사용하면 간단하고 좋아요!

Q

'그냥 좋다'는 것밖에 떠오르지 않아요.

A

혹시 '좋은 이유가 없다'고 굳게 믿고 있는 것은 아닌가요? 자신이 최애를 아주 좋아하게 된 것은 '좋아하게 된 순간'이 쌓였기 때문이에요. 따라서 '좋아하게 된 에피소드'를 여러 가지 떠올려 보세요. 그 하나하나가 '왜 좋아하게 되었는지'의 힌트가 됩니다.

Q

어떻게 하면 사람들과 다르게 감상을 표현할 수 있을까요?

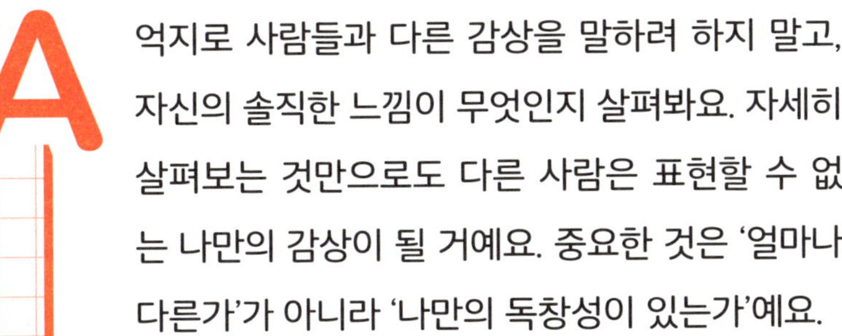

A

억지로 사람들과 다른 감상을 말하려 하지 말고, 자신의 솔직한 느낌이 무엇인지 살펴봐요. 자세히 살펴보는 것만으로도 다른 사람은 표현할 수 없는 나만의 감상이 될 거예요. 중요한 것은 '얼마나 다른가'가 아니라 '나만의 독창성이 있는가'예요.

Q '싫은 점'을 나만의 언어로 표현할 때는 어떻게 하는 게 좋을까요?

A '좋은 점'과 마찬가지로 '싫은 점'을 3단계로 자세히 관찰해 보세요. 다만 '싫은 점'을 발견했을 때는 '새롭지 않다=지루함'이라는 느낌 말고도 '싫었던 경험'과 '이미 싫어하는 것과의 공통점'이 떠오를 거예요. 그래서 그다지 재미있지도 않아서 추천하지 않아요.

글쓰기를 할 때 표현력을 높이려면 어떻게 해야 하나요?

A

본 것과 들은 것, 해 본 것을 사실 그대로 쓰기보다는 그때의 감정과 그렇게 느낀 이유를 자세히 살펴보고 언어로 표현해 보세요. 감정은 다른 누구도 아닌, 나만의 것이므로 다른 사람은 흉내 낼 수 없는 좋은 글을 쓸 수 있을 거예요.

이제 말로 표현할 수 있을지도 몰라!
시끌
벅적
있지, '참새들'의 신곡 들어 봤어? 완전 좋지 않니?
응! 특히 후렴구에서 2절로 넘어갈 때 이어지는 댄스가 멋져.
맞아!
또 아이돌 이야기인가?
동글이는 무슨 책 읽어?

…… 판타지 소설.
외로운 주인공이 여행을 하면서
성장한다는 이야기야…….
관심 없지?
우아!
재미있겠다.
그거
내 최애랑
비슷한 것 같아!
왁자 지껄
나도 읽을래!
세계관은
어때?
응, 캐릭터도
매력적이지만
세계관이 잘 표현되어
있어서 더 좋아!
그 주인공은
고양이상이야,
강아지상이야?
시크한 쪽이야,
귀여운 쪽이야?
친구들은?

여러분, 모두 자리에 앉으세요.
오늘은 글쓰기를 할 거예요!
주제는 '내가 좋아하는 것'입니다.
갑자기 글쓰기라니 선생님, 너무해요.
끄덕
좋아하는 것에 대한 글쓰기라……
이제 쓸 수 있을 것 같아!
며칠 후
1등 수상
내가 좋아하는 아이돌의 반전 매력
-토토
응? 말도 안 돼……!

우아!
해냈어!
왜 내가…?
왜냐하면 네 글이 진짜 좋았거든! 좋아하는 것에 대해 이렇게 자세히 표현하는 경우는 거의 없어.
와, 재미있겠다.
나도 저 공연 보고 싶어.
좋아하는 것에 대해 나만의 표현으로 전달하는 게 이렇게 즐거운 일이었구나.
끝

글을 마치며

저의 직업은 문예 평론가입니다. '제가 좋아하는 책과 만화를 읽고 그 감상을 전달하는 것'이 저의 일이에요. 이 책에서 말하고 있는, 좋아하는 것에 대해 표현하는 일을 하고 있지요.

……하지만 저는 어렸을 때만 해도 '좋아하는 것에 대한 감정을 표현하는 것'이 꽤 어려웠어요.

왜냐하면 좋아하는 것에 대해 이야기할 상대를 좀처럼 찾을 수 없었거든요. 어쩌면 여러분도 '좋아하는 마음을 말로 표현하고 싶은데 들어줄 사람이 없네.'라고 생각할지도 몰라요. 친구들이나 부모님, 선생님이 여러분의 이야기를 잘 들어주는 것도 한계가 있으니까요.

만약 그런 생각이 들었다면 꼭 '일기'를 써 보세요. 먼저 마음에 쏙 드는 공책을 준비해서 내가 좋아하는 것과 좋아하는 사람에 대해 많이 써 보는 거예요.

다른 사람이 아닌 나에게
'내가 좋아하는 것'을 말해 보세요.

글짓기 시간처럼 잘 쓰려고 애쓸 필요는 없어요. 다른 사람에게 보여 주지 않아도 좋아요. 혼자서 내가 생각하고 있는 것과 내가 좋아하는 것에 대해 여러 가지 표현으로 자유롭게 써 보세요.

저는 그렇게 일기를 쓰다 보니 어느새 지금의 일을 하게 되었어요.

부모님과 친구들이 알아주지 않아도 내가 '좋아하는 것'을 내가 알고 있으면, 나를 더 잘 이해할 수 있어요.

그렇게 해서 내가 바로 나와 가장 마음이 잘 맞는 친구가 된다면 여러분의 삶은 분명 더 즐거워질 거예요.

내가 '좋아하는 것'을 통해 나 자신과 좀 더 친해지기를 바랍니다.

좋아하는 것에 대해 나만의 표현으로 솔직하고 정확하게 전달도 하면서요.

여러분이 '좋아하는 것'을 많이 만날 수 있기를 바라며!

지은이 **미야케 가호**

나만의 독서 감상문 쓰기

책 제목:

자유롭게 써 봐요! 그림도 곁들여 봐요!

옮긴이 조영경

아이들이 바른 생각과 따뜻한 마음을 키우는 데 도움이 될 책을 쓰고, 일본어를 우리 말로 옮기는 일을 하고 있어요. 지금까지 지은 책에 <자기주도> <자기주도 토론·논술쓰기> <내 공부 습관이 어때서> <초등 1학년 독서록 잘 쓰는 방법 20> <얼렁뚱땅 과자나라> <대한민국 트렌드> <5대짱 되는 좋은 습관 65가지> <호기심 특급 해결 - 인문학 상식> 등이 있으며, 일본어를 우리 말로 옮긴 책에 <니안짱> <하나하나와 민미 이야기> 시리즈와 <크레용 왕국> 시리즈 등이 있어요.

내 마음을 슬기롭고 정확하게 전하는 말 공부

초등 어휘력·표현력 기르기

2026년 1월 30일 초판 1쇄 발행

지은이 미야케 가호
그린이 이토 햄스터
옮긴이 조영경
펴낸이 김병준
펴낸곳 (주)지경사
주　소 서울특별시 강남구 논현로 71길 12
전　화 02)557-6351(대표) 02)557-6352(팩스)
등　록 제10-98호(1978. 11. 12)

편집 책임 한은선 **디자인** 이수연
ISBN 978-89-319-3476-2 (73700)
잘못 만들어진 책은 구입하신 곳에서 바꾸어 드립니다.